RÉPUBLIQUE FRANÇAISE

LIBERTÉ — ÉGALITÉ — FRATERNITÉ

PRÉFECTURE DE LA SEINE

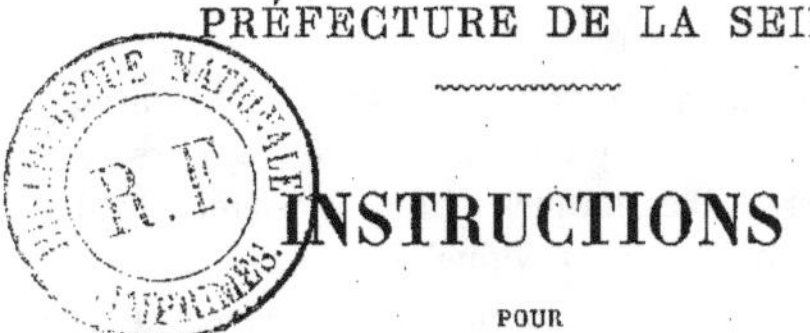

INSTRUCTIONS

POUR

LE DÉPOUILLEMENT DU RECENSEMENT [1]

SUIVIS

des Modèles à remplir et des Tableaux de dépouillement

MESURES PRÉLIMINAIRES

1. — Le recensement, aux termes de l'arrêté préfectoral, doit se faire par quartiers. On commencera donc par diviser les imprimés selon le quartier d'où ils proviennent.

2. — On prendra successivement le dossier de chaque maison ; on regardera rapidement si le bordereau de maison paraît bien rédigé. Puis on examinera rapidement le contenu de chaque enveloppe pour voir si la rédaction en est correcte et si elle ne contient pas de contradiction ni d'omission.

3. — Il arrive souvent que les feuilles de ménage sont mal remplies. Il faut se souvenir (pour éviter les écritures inutiles) que la principale utilité de ces feuilles est de distinguer le *nombre* des personnes présentes, du *nombre* des absents et des hôtes de passage, avec distinction, dans chacun de ces trois groupes, des français et des étrangers.

On ne devra donc pas s'arrêter aux défectuosités d'ordre secondaire que pourra présenter le Tableau II des feuilles de ménage, du moment qu'on y trouvera le nombre des présents, des absents et des hôtes de passage, distingués en français et étrangers. Cette dernière distinction elle-même n'est pas nécessaire sur les feuilles de ménage en ce qui concerne les hôtes de passage.

4. — On regardera sur les bulletins individuels si les questions relatives à

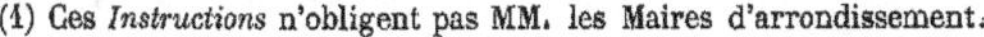

(1) Ces *Instructions* n'obligent pas MM. les Maires d'arrondissement.

la profession ont été convenablement comprises (voir les *Instructions aux Agents recenseurs*, pages 17 et 18).

Cet examen, quoique très nécessaire, ne pourra être que très rapide. Si l'on trouve quelque erreur, il faudra mettre à part le dossier pour le faire ensuite rectifier par le recenseur.

5. — Si, au contraire, le travail paraît avoir été bien terminé, on rejettera les enveloppes, et l'on fera quatre paquets : le premier, composé des bordereaux de maison ; le deuxième, des feuilles de ménage ; le troisième, des feuilles récapitulatives ; le quatrième, des bulletins individuels.

6. — Il sera bon, pour éviter toute confusion ultérieure, de frapper chacun de ces bulletins d'un coup de composteur imprimant le nom du quartier.

ÉTABLISSEMENT DU MODÈLE N° 6

7. — On comptera les feuilles contenues dans chacun de ces quatre paquets et l'on établira ainsi les chiffres demandés par le modèle n° 6 (1).

La colonne 3 contiendra le total des feuilles de ménage et des feuilles récapitulatives.

ÉTABLISSEMENT DU MODÈLE N° 8

8. — Pour la banlieue, on rédigera la liste nominative des habitants de la Commune conformément aux instructions préfectorales du 23 mars 1891.

Pour Paris, il suffira de remplir la *Récapitulation* (Modèle 8). On y procédera de la façon suivante :

9. — *Établissement du Tableau A (modèle 8)*. — Les bordereaux de maison ont déjà été comptés pour établir le modèle n° 6. On inscrira à nouveau leur nombre colonne 2 de notre tableau A.

On comptera ensuite le nombre des feuilles de ménage et l'on remplira ainsi la seconde colonne.

Puis deux employés se mettront ensemble, l'un dictant et l'autre écrivant

---

(1) Voici comment doivent se faire ces travaux de comptage :

1° L'employé versera sur l'extrémité de ses doigts une ou deux gouttes de glycérine, ce qui facilitera grandement son travail ;

2° Il comptera 25 bulletins dont il fera un premier paquet ;

3° Il comptera un deuxième paquet de 25 bulletins qu'il placera sur le précédent paquet, mais en travers de ce paquet.

4° Il continuera de même à diviser ses bulletins en paquets de 25, en les superposant l'un à l'autre, l'un en travers du précédent, de façon qu'ils restent distincts.

Nota. — Cette disposition facilite le travail de la surveillance. Le contrôleur, voulant s'assurer de la bonne exécution du travail, n'a qu'à prendre un de ces paquets et à compter s'il contient bien 25 bulletins. Si la mauvaise foi de l'employé est évidente, il devra être renvoyé.

5° Une fois la totalité des bulletins divisée en paquets de 25, il deviendra facile de les compter. Au nombre trouvé pour tous les paquets *complets*, il faudra ajouter le nombre de bulletins (inférieur à 25) contenus dans le dernier paquet.

afin de remplir, au moyen de feuilles de ménage, la FEUILLE DE DÉPOUILLEMENT n° 1 (voir page 17 le modèle de ce tableau.)

10. — Le dicteur, à chaque nouvelle feuille qu'il prendra, dira à haute voix « *un ménage* » et aussitôt l'écriveur marquera un trait dans la col. *a*. Ces traits seront marqués les uns au-dessous des autres, chacun occupant une ligne.

11. — Le dicteur parcourra ensuite de l'œil la colonne intitulée « Nationalité » et il dira combien il y a de Français et combien d'étrangers parmi les résidents (présents ou absents, *sans s'occuper des hôtes de passage*). Ce qu'il exprimera sous la forme suivante : « Huit Français et zéro étranger font huit résidents. » L'écriveur inscrira ces trois résultats col. *b*, *c* et *d*.

12. — Le dicteur dira ensuite le nombre total (sans distinction de nationalité) des « *membres du ménage* ABSENTS » (2e section du Tableau II), chiffre que l'écriveur marquera col. *e*.

13. — Puis le dicteur dira successivement le nombre des « *hôtes de passage* » et enfin (en dernier lieu) le nombre des « *membres du ménage* PRÉSENTS » (première section du Tableau II), et il totalisera les deux chiffres. A mesure qu'il parlera, l'écriveur fera les écritures suivantes :

« *Un hôte de passage*..... (l'écriveur écrit le chiffre 1 dans la col. *f*.)

« *Et six résidents présents*..... (l'écriveur écrit le chiffre 6 dans la col. *g*).

« *Font sept présents* » (l'écriveur écrit le chiffre 7 dans la col. *o*).

14. — Ainsi pour résumer les §§ 10, 11, 12 et 13 qui précèdent, voici un exemple de l'énoncé complet de ce que devra dire le dicteur :

Il fera deux phrases, l'une relative à la première et à la seconde sections de la feuille de ménage (et non à la troisième), l'autre relative à la première et à la troisième sections de la feuille de ménage (et non à la seconde).

Ainsi il dira :

« *Un ménage : Huit Français et zéro étranger font huit résidents, dont deux résidents absents* » — « *Un hôte de passage et six résidents présents font sept présents.* »

L'écriveur écrira à mesure. Lorsqu'un ménage ne se composera que d'*hôtes de passage* seulement, l'écriveur fera une marque en marge de la feuille de dépouillement en face de ce ménage.

15. — Le travail de dictée une fois terminé, on procédera aux additions.

Pour faire l'addition de la colonne *a*, il suffira de compter les lignes. On soustraira du nombre des lignes le nombre des ménages marqués en marge comme n'étant composés que d'hôtes de passage, et c'est le résultat de cette soustraction que l'on inscrira dans la colonne 3 du tableau A (modèle n° 8).

Pour faire l'addition des colonnes *b*, *c*, *d*, *e*, *f*, *g*, il faudra additionner les chiffres marqués les uns avec les autres.

Pour faire l'addition des colonnes h, i, k, l, m, n, o, il faut remarquer que nous avons recommandé d'écrire le nombre d'individus contenus par ménage, mais ce n'était qu'un moyen d'éviter les erreurs et de les rectifier facilement si elles venaient à se produire. Ce, que l'on cherche, c'est « le nombre de ménages contenant 4 personnes », par exemple. Pour avoir ce nombre, il suffira donc de compter *combien de fois le chiffre 4 est inscrit dans la colonne l.*

Ainsi dans cette colonne, on aura à faire des additions semblables à celles-ci :

$$
\begin{array}{c}
4 \\
: \\
4 \\
: \\
4 \\
\\
4 \\
: \\
4 \\
\hline
\end{array}
$$

Total 5

Le total est 5, car le chiffre 4 est inscrit 5 fois dans la colonne.

Il en sera de même pour les autres colonnes.

16. — On remarquera que si le travail a été bien fait, le total col. b + col. c doit être égal au total col. e + col. g et que le total col. h + col. i + col. k + col. l + col. m + col. n + col. o doit être égal ou de très peu inférieur au total de la colonne a (il y aurait égalité parfaite s'il n'y avait pas de feuilles de ménage entièrement consacrées à des familles absentes qui figurent col. a et non pas dans les sept dernières colonnes).

17. — Les chiffres ainsi obtenus permettront de remplir le tableau A du modèle n° 8. La population de Paris étant tout entière agglomérée, la partie inférieure du tableau A ne devra être remplie que dans la banlieue.

Les autres chiffres serviront pour l'établissement des tableaux IV et V du modèle n° 10.

18. — *Établissement du tableau B et du tableau C* (Modèle n° 8). — L'employé remplira le tableau B à l'aide des *feuilles récapitulatives* (Modèle n° 4) qui remplacent les feuilles de ménage pour certaines collectivités d'individus.

Des instructions ne sont pas nécessaires pour un travail aussi facile.

19. — Avant de quitter les *feuilles récapitulatives*, l'employé comptera les établissements qui ont eu à en établir. Ce chiffre sera inscrit tableau IV, colonne 3.

20. — Des instructions ne sont pas nécessaires pour l'établissement du tableau C.

21. — Le dicteur aura disposé devant lui sept cases portant chacune un numéro (au besoin, il les aura dessinées à la craie sur sa table). Dès qu'il aura fini de lire le contenu d'une feuille de ménage, il la déposera dans la case correspondante au nombre de personnes qu'il aura annoncé en dernier lieu, de façon à mettre ensemble les ménages composés d'une seule personne présente, ceux composés de deux personnes présentes, etc.

Les feuilles de ménage sur lesquelles on n'aura inscrit que des absents seront mises à part car elles ne seront plus utilisées.

ÉTABLISSEMENT DU TABLEAU III

(SITUATION DES HABITANTS PAR RAPPORT A LEURS HABITATIONS)

22. — Nous venons de voir que le dicteur, dans l'opération précédente, aura constitué devant lui sept paquets de feuilles de ménage, dont le premier comprend tous les ménages constitués par un seul individu présent.

23. — Le dicteur saisira successivement toutes les feuilles de ce premier paquet, et il lira à haute voix les renseignements contenus dans le tableau dans l'ordre suivant :

1° *Le nombre total des pièces* (l'écriveur se transportera sans rien écrire dans l'accolade correspondant à ce nombre de pièces) ;

2° *Le nombre de pièces avec cheminée* (l'écriveur l'inscrira dans la colonne correspondante) ;

3° Dans l'ordre où elles sont inscrites, en allant de haut en bas, le dicteur dira le nombre des pièces sans fenêtres, des pièces donnant sur la rue, sur la cour, sur le jardin.

L'écriveur écrira à mesure. Il faudra que dans chaque groupe de colonnes compris sous une accolade, chaque logement soit représenté par une ligne.

24. — Pour résumer ce qui précède, voici un exemple de l'énoncé complet de ce que dira le dicteur :

« *Cinq pièces* (l'écriveur se transporte aux colonnes ayant le titre général 5 pièces) *trois à cheminée. Une sans fenêtre, deux sur la rue, deux sur la cour.* »

25. — La première colonne *(ménages n'ayant d'autre logement qu'une voiture, un bateau, une écurie)* sera réservée aux individus et groupes d'individus n'ayant aucun logement : tels sont les gardes-magasins qui habitent le dépôt de marchandises sur lequel ils veillent, les bateleurs logés dans une baraque mobile, les cochers logés dans leur écurie, etc., etc.

26. — Le travail de dictée une fois terminé on procédera aux additions. On comptera d'abord le nombre de lignes remplies dans chaque groupe de 6 colonnes de façon à connaître le nombre de logements composés de 1, 2, 3, 4 pièces.

Puis on additionnera les chiffres contenus dans chaque colonne de façon à connaître le nombre de pièces de chaque nature qui se trouvent dans chacune de ces catégories de logement.

27. — Le dicteur fera ensuite le même travail pour chacun des sept paquets de feuille de ménage qu'il aura devant lui. L'écriveur remplira pour chacun de ces paquets des tableaux de dépouillement différents, en ayant grand soin d'indiquer sur le titre à quelle catégorie de ménages se rapportent les chiffres ci-dessous.

28. — A l'aide des chiffres ainsi élaborés, on remplira le tableau III intitulé : « *Situation des habitants par rapport à leurs habitations.* »

Les feuilles de ménage seront alors mises de côté car elles deviennent désormais inutiles.

ÉTABLISSEMENT DU TABLEAU I.

(NOMBRE ET HAUTEUR DES MAISONS)

29. — La colonne d reproduit la colonne 2 du modèle n° 6.

30. — On divisera le paquet des bordereaux de maison en huit paquets selon qu'ils représenteront des maisons ayant un rez-de-chaussée seulement ou 1, 2, 3, 4, 5, 6, 7 étages et au-delà. On comptera le nombre de bulletins inscrits dans chaque paquet et on inscrira le résultat col. e, f, g, h, i, k, l, m. Le total qui sera inscrit colonne n devra être égal à celui qui aura été marqué colonne 2 du modèle n° 6.

ÉTABLISSEMENT DU TABLEAU II.

(MAISONS ET LOCATIONS).

31. — Les employés se mettront par groupe de deux, l'un dictant, l'autre écrivant. L'écriveur se servira du tableau de dépouillement n° 3.

32. — Le dicteur prendra chacun des bordereaux du premier paquet (rez-de-chaussée seulement) et prononcera tout d'abord le mot « occupée » ou le mot « vacante », selon que les rubriques relatives au nombre des habitants de la maison seront remplies par des chiffres ou porteront la mention « néant ». Si la maison est vacante, il ne s'en occupera pas davantage.

33. — Si elle est occupée, il dictera successivement les chiffres suivants :

1° *Nombre des ménages* (nombre marqué sur la 1re ligne du bordereau de maison). L'écriveur inscrira ce chiffre colonne d;

2° *Nombre des locaux d'habitation vacants* (nombre marqué sur la 5e ligne du bordereau de maison). L'écriveur inscrira ce chiffre colonne e ;

3° *Nombre des locaux servant d'ateliers, de magasins ou de boutique* (nombre marqué sur la 6ᵉ ligne du bordereau de maison). L'écriveur inscrira ce chiffre colonne *f* ;

4° Le nombre des cabinets d'aisances à usage particulier (à inscrire col. *g*) ;

5° Le nombre des cabinets d'aisances à usage commun (à inscrire col. *h*). Enfin, il prononce suivant le cas les mots « concession d'eau » ou « puits » ou « ni concession d'eau ni puits », etc.

Une citerne sera considérée comme valant un puits.

34. — Voici pour résumer ce qui précède, l'énoncé de ce que le dicteur aura à dire :

Maison occupée ; quinze ménages, plus un vacant, plus trois ateliers, quatorze cabinets particuliers. Trois cabinets communs ; concession d'eau, pas de puits. »

35. — L'écriveur écrira à mesure. Chaque maison devra occuper à elle seule une ligne entière du tableau de dépouillement.

36. — Une fois cette dictée terminée, on vérifiera si le nombre des maisons de chaque catégorie coïncide bien exactement avec celui qu'on avait trouvé précédemment. Puis on additionnera les chiffres contenus dans chacune des onze colonnes, et l'on inscrira les totaux aux colonnes correspondantes du tableau II.

37. — Les bordereaux de maison seront ensuite mis de côté, car ils deviennent désormais inutiles.

ÉTABLISSEMENT DU TABLEAU IV
(MÉNAGES)

38. — Les éléments de ce tableau ont déjà été recueillis en établissant le modèle n° 8. On n'aura donc qu'à copier les résultats consignés dans le modèle n° 8 et ceux qu'aura donnés le tableau de dépouillement n° 1 pour remplir le tableau IV.

ÉTABLISSEMENT DU TABLEAU V
(RÉSULTATS GÉNÉRAUX DU DÉNOMBREMENT PAR CATÉGORIES DE SÉJOUR)

39. — Les éléments de ce tableau ont déjà été recueillis en établissant le modèle n° 8.

ÉTABLISSEMENT DU TABLEAU VI
(POPULATION D'APRÈS LE LIEU DE NAISSANCE)

40. — On divisera le paquet des bulletins individuels en trois paquets :

1° Français nés de parents français (ou plus exactement de père français);

2° Naturalisés soit par mariage, soit autrement;

3° Étrangers.

L'employé comptera le nombre de bulletins contenus dans chacun de ces trois paquets et inscrira ces chiffres col. 10 du tableau n° VI.

41. — Prenant successivement chacun d'eux, il le divisera en six paquets conformément aux rubriques des colonnes 2, 3, 5, 7, 8, 9 du tableau nº VI, à savoir :

Nés dans la commune ;
Nés dans une autre commune du département ;
Nés dans un autre département ;
Nés en Algérie ou dans une autre colonie ;
Nés en Alsace-Lorraine ;
Nés à l'étranger.

42. — Plusieurs difficultés spéciales au département de la Seine doivent être ici prévues :

En ce qui concerne Paris, les individus nés dans les communes annexées en 1860 doivent être comptés comme « nés dans la commune » (c'est-à-dire nés à Paris), même si leur naissance est antérieure à 1860. On supposera donc que l'état actuel a toujours existé.

En ce qui concerne la banlieue, les individus nés dans une commune qui aura été scindée depuis leur naissance, seront comptés comme « nés dans la commune » s'ils sont nés dans la fraction de commune où ils sont actuellement résidents. Ainsi un habitant de Malakoff, né à Malakoff à l'époque où cette commune n'était pas détachée de Vanves, sera regardé comme « né dans la commune ». Au contraire, s'il est né dans la partie de l'ancien Vanves qui fait actuellement partie du nouveau Vanves, il sera compté comme « né dans une autre commune du département ». Encore ici, on supposera que l'état actuel a toujours existé.

L'employé comptera le nombre de bulletins de chacun des dix-huit paquets qu'il aura ainsi constitués et les chiffres ainsi obtenus lui permettront de remplir le tableau VI. Le total devra être égal à la population présente du quartier.

Il mettra à part le paquet relatif aux étrangers ; nous ne nous occuperons que des Français pour commencer (voir pour les étrangers § 75 et suivants).

ÉTABLISSEMENT DU TABLEAU VII

FRANÇAIS NÉS EN FRANCE CLASSÉS PAR DÉPARTEMENT D'ORIGINE (PAR LIEU DE NAISSANCE)

43. — Il s'agit non seulement des Français nés de parents français mais aussi des Français par naturalisation.

44. — On commencera par remplir le chiffre relatif au département de la Seine (en totalisant les deux premiers chiffres de la colonne 4 du tableau VI).

45. — Puis on prendra le paquet constitué par les « Français nés de parents français dans un autre département ».

46. — Les employés se grouperont deux par deux, l'un dictant, l'autre écrivant.

Le dicteur n'aura qu'à énoncer à haute voix le département lieu de naissance porté sur chaque Bulletin. L'écriveur cherchera la ligne correspondant au département annoncé, et il tracera sur cette ligne un petit bâtonnet. Pour faciliter les comptes, il pourra disposer les bâtonnets ainsi qu'il suit : le premier vertical, le second horizontal partant de la base du précédent ; le troisième vertical à l'autre extrémité du précédent ; le quatrième formera le côté supérieur du carré ainsi constitué et le cinquième en formera la diagonale. On aura ainsi un dessin ayant la forme suivante ▨ très facile à reconnaître et dont la valeur sera 5.

47. — Comme la recherche de la ligne correspondant au département annoncé prendra à l'écriveur un certain temps, il faudra que le liseur utilise ce temps en regardant quel est le sexe marqué sur le bulletin qu'il a entre les mains ; il mettra les masculins d'un côté, les féminins d'un autre. Il comptera ensuite les bulletins composant ces deux paquets, et en prendra note. Il conservera ensuite ces deux paquets bien séparés, car ils lui seront utiles pour les autres tableaux.

Ayant ainsi opéré pour les « Français nés de parents français dans d'autres départements que le département de la Seine », il agira exactement de même pour les « naturalisés français nés dans un autre département que le département de la Seine ».

ÉTABLISSEMENT DU TABLEAU X

(DURÉE DU MARIAGE ET NOMBRE D'ENFANTS LÉGITIMES PAR FAMILLE)

48. — Nous avons vu au § 47 que le dicteur a dû, tout en dictant à l'écriveur le lieu de naissance des Français et des naturalisés nés en France, faire de leurs bulletins deux paquets, l'un pour le sexe masculin, l'autre pour le féminin.

49. — On fera le même travail pour les Français nés dans le département de la Seine, pour ceux qui sont nés dans les colonies ou à l'étranger. On additionnera de façon à constituer pour toute la population *française née de parents français* deux paquets : 1° masculins et 2° féminins. On fera également ces deux paquets pour les naturalisés français. Quant aux étrangers, nous avons déjà dit qu'ils restent à part.

On comptera le nombre de bulletins contenus dans chacun de ces quatre paquets, et on inscrira les résultats dans les trois premières colonnes du tableau VIII.

50. — On prendra ensuite les bulletins du sexe masculin et on les divisera en quatre paquets, l'un pour les hommes célibataires, un autre pour les mariés, le troisième pour les veufs, et le quatrième pour les divorcés.

On comptera le nombre de bulletins contenus dans chacun d'eux et on en prendra note. Le total devra être égal à celui de la population masculine. Ainsi seront établis les chiffres à inscrire sur la dernière ligne du tableau IX.

51. — On laissera de côté le paquet consacré aux célibataires.

52. — On divisera le paquet consacré aux hommes mariés en neuf paquets selon que la durée de leur mariage a été de 0 à 2 ans; de 3 à 5; de 6 à 10; de 11 à 15; de 16 à 20; de 21 à 25 ans; de 26 à 50 ans; de plus de 50 ans; enfin un neuvième et dernier paquet sera consacré à ceux pour lesquels la durée du mariage n'est pas connue.

On comptera le nombre de bulletins contenus dans chacun de ces paquets et l'on inscrira les chiffres obtenus dans la colonne *l* du tableau X..'

53. — On divisera chacun de ces paquets en neuf sous-paquets selon le nombre des enfants vivants. (0 enfant vivant ou 1, 2, 3, 4, 5, 6, 7 et au delà enfants vivants). Le neuvième sous-paquet est destiné à ceux pour lesquels le renseignement n'est pas donné.

On comptera le nombre de bulletins contenus dans chacun de ces sous-paquets.

Ainsi sera rempli le tableau X en ce qui concerne les hommes mariés. Puis, on confondra tous les hommes mariés en un seul paquet que l'on mettra à part.

54. — On procédera de même pour les hommes veufs et pour les hommes divorcés.

55. — En ce qui concerne les femmes on constituera les quatre paquets prescrits par le § 50 ; mais on mettra de côté, non seulement le paquet consacré aux filles, mais aussi celui des femmes mariées et des femmes divorcées. On n'exécutera les prescriptions des §§ 52 et 53 que pour les femmes veuves.

ÉTABLISSEMENT DU TABLEAU IX

(RÉPARTITION DE LA POPULATION PAR AGE, SEXE ET ÉTAT CIVIL)

56. — Nous venons de voir qu'à la suite de l'établissement du tableau X, on aura constitué quatre paquets de bulletins pour chaque sexe (célibataires, mariés, veufs, divorcés.)

Occupons-nous d'abord de ceux du sexe masculin.

57. — Chacun de ces quatre paquets sera divisé en huit paquets contenant des groupes d'âges, qui seront les suivants :

0-9 ans, 10-19 ans, 20-29 ans, 30-39 ans, 40-49 ans, 50-59 ans, 60-69 ans, 70 ans. et au-dessus.

On comptera le nombre de bulletins contenus dans ces paquets et on le notera à part.

58. — Puis on reprendra chacun de ces sous-paquets, et on les partagera en autant de paquets qu'il y a de groupes d'âges marqués au tableau n° 4.

Ainsi le paquet contenant les bulletins relatifs aux enfants de 0 à 9 ans, sera divisé en dix paquets :

Moins d'un an, 1 an accompli, 2 ans, 3 ans, 4 ans, 5 ans, 6 ans, 7 ans, 8 ans, 9 ans.

On comptera le nombre de bulletins contenus dans chacun de ces paquets ; le total devra être égal au chiffre obtenu ci-dessus. Lorsqu'on sera arrivé à des chiffres exacts, on remplira les lignes correspondantes du tableau IX. Puis, on confondra cette série de dix paquets en un seul paquet que l'on mettra à part.

59. — On passera ensuite au paquet des bulletins relatifs aux individus de 10 à 19 ans (célibataires), et l'on procédera exactement comme pour ceux de 0 à 9 ans.

60. — On passera ensuite au paquet des bulletins relatifs aux individus de 20 à 29 ans (célibataires). On n'aura besoin que de les diviser en 6 groupes :

20 ans, 21 ans, 22 ans, 23 ans, 24 ans, 25-29 ans.

On procédera d'ailleurs comme pour les précédents. Puis on confondra les 6 groupes en un seul paquet.

61. — Les groupes d'âges suivants ne devront être divisés qu'en 2 paquets relatifs chacun à 5 ans d'âge. Le dernier paquet (70 ans et plus) sera divisé en groupes comme il suit :

70-74 ans ; 75-79 ans ; 80-84 ans ; 85-89 ans ; 90-94 ans ; 95-99 ans ; 100 ans et plus.

Ces paquets (70 ans et plus) seront, après le comptage, confondus et réunis au paquet de 60 à 69 ans.

62. — Cette opération une fois terminée pour les hommes célibataires, on la recommencera pour les hommes mariés, puis pour les veufs et enfin pour les divorcés.

63. — On en fera autant pour les femmes.

64. — Ainsi seront obtenus les chiffres nécessaires pour rédiger le tableau IX (Français).

65. — Lorsque l'on aura achevé ce travail, on constituera *pour chaque sexe* quatre paquets de bulletins seulement, selon l'âge (0-19 ans ; 20-39 ans ; 40-59 ans ; 60 ans et au-dessus) et l'on abordera le tableau des professions.

ÉTABLISSEMENT DU TABLEAU XI

(RELEVÉ SPÉCIAL DES PROFESSIONS A PARIS)

66. — Il faudra commencer par établir le *Relevé des professions à Paris* (voir le modèle de ce relevé pages 32 et 33; dans la première colonne de gauche seront énumérées les professions conformément à la nomenclature du Recensement de 1886).

67. — Les employés se placeront autour d'une grande table par groupe de trois : l'un dictant, et les deux autres écrivant à l'aide de crayons finement taillés. Ils se serviront du *Tableau de dépouillement* n° 5 (voir page 19). Dans la première colonne de gauche, seront énumérées les professions conformément à la nomenclature de 1886. Ce tableau de dépouillement se divise en quatre feuilles.

68. — Chacun des écriveurs sera chargé de deux feuilles de dépouillement qu'ils devront préalablement avoir étudiées.

En tête de chaque feuille de dépouillement, l'écriveur indiquera le sexe et le groupe d'âge dont on s'occupe. Par exemple, si le paquet que l'on dépouille est celui du sexe masculin de 20 à 39 ans, les écriveurs écriront en tête de chacune de leurs feuilles : « hommes de 20 à 39 ans ».

69. — Le dicteur prendra successivement chacun des quatorze paquets dont il a été question ci-dessus. Saisissant chaque bulletin, il lira ce qui concerne la profession dans l'ordre suivant :

Il énoncera d'abord à quelle catégorie générale appartient la profession indiquée de façon à éveiller l'attention de l'écriveur chargé spécialement de cette catégorie de profession. — Puis il lira la profession telle qu'elle est annoncée sur le bulletin, et enfin en quelle qualité l'individu recensé se rattache à la profession.

Exemples :

Industrie.	*Bijoutier*	*Ouvrier.*
Commerce.	*Bijoutier*	*Employé.*
Libérales.	*Avocat*	*Famille.*
Libérales.	*Militaire.*	
Libérales.	*Médecin*	*Domestique.*

70. — Les écriveurs feront aussitôt une marque en regard de la profession indiquée et dans la colonne qui convient (1). Lorsque la profession ne figurera pas textuellement dans la nomenclature et qu'ils se sentiront embarrassés pour la classer, ils consulteront le *Dictionnaire des professions* qui leur sera distribué.

71. — Lorsqu'on aura achevé de dépouiller l'un des huit paquets désignés ci-dessus, chaque écriveur totalisera les résultats obtenus sur ses feuilles et les inscrira à l'encre.

Puis on passera au paquet suivant.

Pour que ces marques se totalisent facilement, il sera utile de les tracer de la façon suivante : la première marque sera verticale, la deuxième horizontale, la troisième verticale à l'autre extrémité de la deuxième, la quatrième fermera le carré, la cinquième et dernière en sera la diagonale. On aura ainsi un dessin facile à reconnaître ▱ et dont la valeur sera 5.

72. — Lorsque le dépouillement des professions sera achevé, on transcrira les résultats inscrits, à l'encre, sur le *Relevé spécial des professions à Paris* (voir le modèle pages 32 et 33).

Le total général devra être égal à la population française du quartier.

73. — Un travail très simple d'addition permettra dès lors de remplir le Modèle n° 11.

74. — Le recensement est alors terminé *en ce qui concerne les Français*. Quant aux étrangers, leurs bulletins ont été mis à part en vertu du § 42.

ÉTABLISSEMENT DES TABLEAUX VIII, XII, XIII, XIV, XV, XVI, XVII, ET XVIII

75. — Il faudra procéder à l'égard des étrangers exactement comme pour les Français ; établir pour eux un tableau semblable au tableau X, un tableau semblable au tableau IX, et enfin un relevé spécial des professions.

76. — Des colonnes spéciales sont consacrées dans ce dernier tableau aux nationalités suivantes : Allemands, Belges, Italiens, Suisses. Le dicteur devra donc annoncer aux écriveurs chacune de ces nationalités.

---

(1) Les individus se disant « négociants », sans autre désignation, seront classés au n° 186 (col. Patrons).

Les individus se disant « employés » ou « employés de commerce », sans autre désignation, seront classés de même au n° 186 (col. Employés).

Les individus se disant « journaliers », sans autre désignation, seront classés de même au n° 186 (col. Ouvriers).

77. — A mesure qu'il avancera dans son travail, le dicteur mettra ensemble les bulletins de chaque nationalité, de façon à préparer l'établissement du tableau VIII. *Classement par Nationalité* (1).

78. — Il faudra ensuite établir un tableau de la population par âge et par état civil et un tableau très sommaire des principales professions pour chacune des quatre nationalités suivantes : Allemands, Autrichiens, Hongrois, Italiens. Il est inutile d'établir ces quatre états pour chaque quartier; il suffira de les établir pour l'ensemble de l'arrondissement.

OPÉRATIONS FINALES

79. — Le travail du dépouillement est alors terminé.

80. — Les bulletins individuels devront être ficelés par quartier selon le classement par nationalités prescrit pour l'établissement du tableau VIII, chaque paquet de bulletins étant relatif à une nationalité différente.

Ces bulletins seront ensuite adressés aux bureaux des Archives de la Préfecture de la Seine (30, quai Henri IV).

81. — Les tableaux établis pour chaque quartier devront être adressés au service de la Statistique municipale, 1, avenue Victoria.

82. — Les totalisations par arrondissement se feront au bureau central et les mairies n'ont pas à s'en occuper.

83. — Tous les tableaux de dépouillement devront être également envoyés à la statistique municipale.

---

(1) Col. 5. *Anglais, Écossais, Irlandais.* — Les citoyens anglais des colonies anglaises comptent comme *anglais* (ainsi les Canadiens, les Australiens, les colons du Cap, de la Jamaïque, de la Guyane anglaise, etc.)

Il en est de même des habitants de Jersey, Guernesey.

Col. 8. *Amérique du Sud.* — Le centre Amérique est considéré comme faisant partie de l'Amérique du Sud. Il en est de même de Haïti.

Les habitants des colonies situées dans l'Amérique du Sud, mais rattachées politiquement à des puissances européennes, doivent être comptés comme sujets de ces puissances. Ainsi, de même que les Français de la Martinique sont comptés avec les autres Français, de même les Cubains doivent être comptés comme Espagnols, etc.

Col. 10. *Autrichiens.* — On aura présent à l'esprit que les Tchèques, les Moraves, les Galiciens, les Istriens, etc., dépendent de la Cisleithanie.

Col. 11. *Hongrois.* — Tandis que les Transylvaniens, les Roumains et Serbes du Banat de Tameswar, etc., dépendent de la Transleithanie.

Col. 19. *Russes.* — Les Finlandais, les Baltes, les Polonais, sans autre indication d'origine, sont comptés comme Russes.

Col. 23 à 36. — Autant que possible, il faut rattacher chaque étranger à sa nationalité politique. Ainsi, les Grecs, Serbes et Bulgares de l'empire turc doivent être comptés comme Turcs, s'ils déclarent être sujets turcs.

Col. 27. *Africains.* — On y comptera les Arabes d'Algérie, à moins qu'ils n'aient été naturalisés français.

Col. 28. *Asiatiques.* — On y comptera les Indiens, les Tonkinois et autres habitants des colonies françaises, anglaises, néerlandaises, etc., à moins qu'ils ne déclarent avoir obtenu la naturalisation dans quelque pays européen.

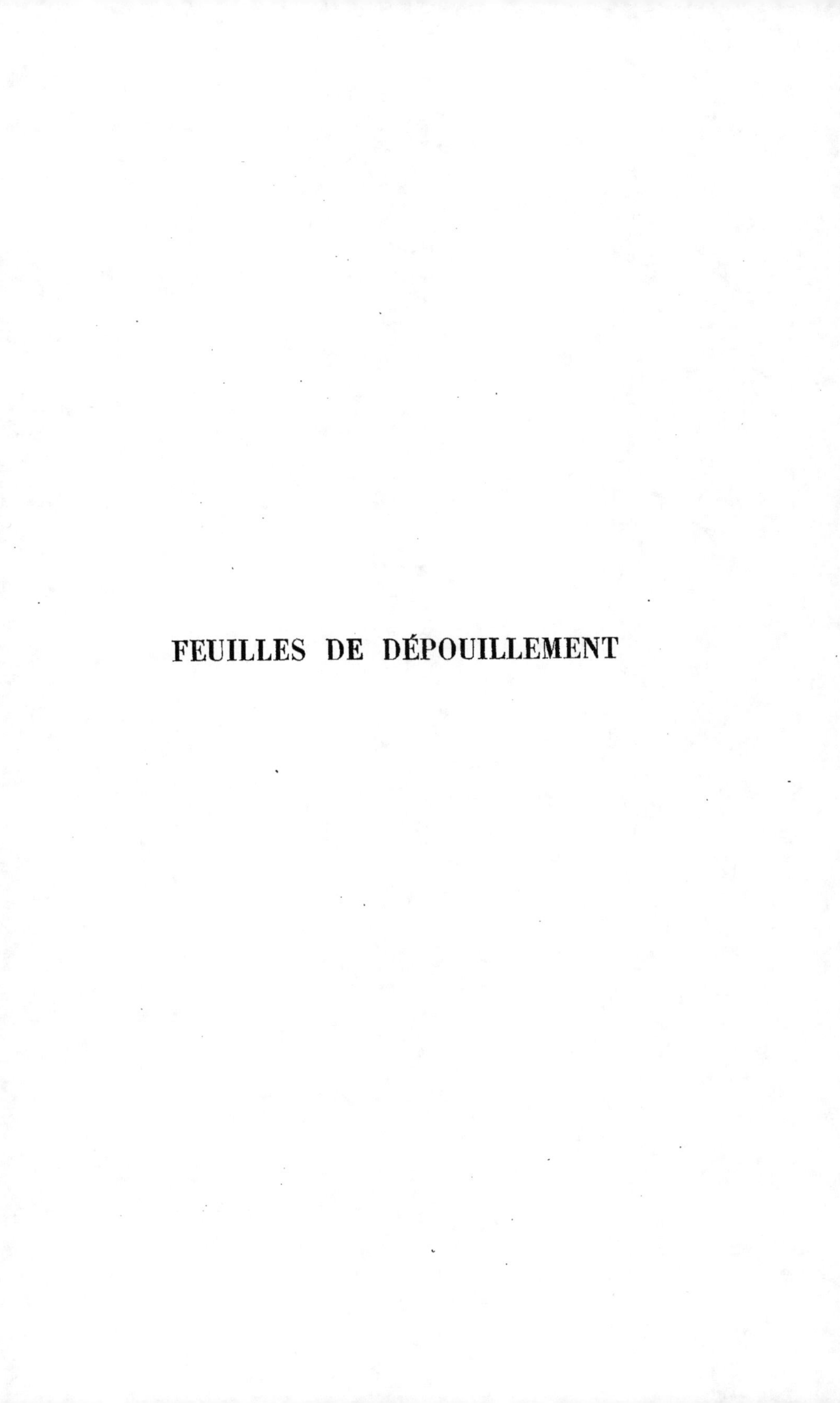

FEUILLES DE DÉPOUILLEMENT

Feuille de Dépouillement n° 1.

MÉNAGES	NOMBRE D'HABITANTS RÉSIDENTS (PRÉSENTS OU ABSENTS) Marqués sur les feuilles de ménage.			NOMBRE D'HABITANTS Marqués sur les feuilles de ménage comme étant :			MÉNAGES COMPOSÉS DE :						7 et plus
	FRANÇAIS	ÉTRANGERS	TOTAL	RÉSIDENTS ABSENTS	HÔTES DE PASSAGE	RÉSIDENTS PRÉSENTS	1	2	3	4	5	6	
							PERSONNES PRÉSENTES (col. f + col. g)						
a	b	c	d	e	f	g	h	i	k	l	m	n	o

Feuille de Dépouillement n° 2.

———·ᵉ ARRONDISSEMENT

QUARTIER DE ————————

Ménages composés de ———————————— *personnes présentes.*

MÉNAGES ayant d'autre logement qu'une voiture, un bateau, une écurie, etc.	LOGEMENTS COMPOSÉS DE :																																																NOMBRE de pièces inconnu
	1 PIÈCE					2 PIÈCES					3 PIÈCES					4 PIÈCES					5 PIÈCES					6 PIÈCES					7 PIÈCES					8 PIÈCES					9 PIÈCES					10 PIÈCES et au-dessus					
	Avec cheminée	Sans fenêtre	Fenêtre sur la rue	Fenêtre sur la cour	Fenêtre sur le jardin	Avec cheminée	Sans fenêtre	Fenêtre sur la rue	Fenêtre sur la cour	Fenêtre sur le jardin	Avec cheminée	Sans fenêtre	Fenêtre sur la rue	Fenêtre sur la cour	Fenêtre sur le jardin	Avec cheminée	Sans fenêtre	Fenêtre sur la rue	Fenêtre sur la cour	Fenêtre sur le jardin	Avec cheminée	Sans fenêtre	Fenêtre sur la rue	Fenêtre sur la cour	Fenêtre sur le jardin	Avec cheminée	Sans fenêtre	Fenêtre sur la rue	Fenêtre sur la cour	Fenêtre sur le jardin	Avec cheminée	Sans fenêtre	Fenêtre sur la rue	Fenêtre sur la cour	Fenêtre sur le jardin	Avec cheminée	Sans fenêtre	Fenêtre sur la rue	Fenêtre sur la cour	Fenêtre sur le jardin	Avec cheminée	Sans fenêtre	Fenêtre sur la rue	Fenêtre sur la cour	Fenêtre sur le jardin	Avec cheminée	Sans fenêtre	fenêtre sur la rue	Fenêtre sur la cour	Fenêtre sur le jardin	

ARRONDISSEMENT

d ——————————

QUARTIER d ——————————

Feuille de Dépouillement n° 3.

Maisons de ——————— *étages.*

	RENSEIGNEMENTS relatifs à la MAISON		RENSEIGNEMENTS RELATIFS AUX LOCAUX contenus dans la maison			RENSEIGNEMENTS CONCERNANT L'HYGIÈNE DE LA MAISON					
	MAISONS D'HABITATION		NOMBRE des locaux d'habitation actuellement occupés	NOMBRE des locaux d'habitation actuellement vacants	NOMBRE des locaux servant en tout ou en partie d'atelier, de magasin ou de boutique	NOMBRE DE CABINETS D'AISANCES		MAISONS dénuées de cabinets d'aisances	MAISONS ayant au moins une concession d'eau	MAISONS sans concession d'eau, mais ayant un puits ou une citerne	MAISONS sans concession d'eau et sans puits, citerne, etc.
	Occupées en tout ou en partie	Entièrement vacantes				A usage particulier	A usage commun				
	a	b	c	d	e	f	g	h	i	k	l
1											
2											
3											
4											
5											
6											
7											
8											
9											
10											
11											
12											
13											
14											
15											
16											
17											
18											
19											
20											
21											
22											
23											
24											
25											
26											
27											
28											
29											
30											
31											
32											
33											
34											
35											
36											
37											
38											
39											
40											

Feuille de Dépouillement n° 4.

DÉPARTEMENTS LIEUX DE NAISSANCE	
Ain. Aisne. Allier. Etc.	

VILLE DE PARIS

———— ARRONDISSEMENT

QUARTIER DE ————————

Feuille de Dépouillement n° 5,

Pour l'établissement du Relevé spécial des Professions à Paris (tableau XI)

(Français et naturalisés seulement)

SEXE ————————

ÂGE : de ———— à ———— ans

PROFESSIONS	PATRONS	EMPLOYÉS	OUVRIERS	FAMILLE	DOMESTIQUES
	exerçant directement la profession			vivant indirectement de la profession	

VILLE DE PARIS

____________ ARRONDISSEMENT

QUARTIER DE ____________

Feuille de Dépouillement n° 6

Pour l'établissement du Relevé spécial des Professions (tableau XIV)

(étrangers seulement)

SEXE ____________

AGE : de ______ à ______ ans

PROFESSIONS	PATRONS					EMPLOYÉS					OUVRIERS					FAMILLE					DOMESTIQUES				
	ÉTRANGERS en général	PARMI les précédents sont :				ÉTRANGERS en général	PARMI les précédents sont :				ÉTRANGERS en général	PARMI les précédents sont :				ÉTRANGERS en général	PARMI les précédents sont :				ÉTRANGERS en général	PARMI les précédents sont :			
		Allemands	Belges	Italiens	Suisses		Allemands	Belges	Italiens	Suisses		Allemands	Belges	Italiens	Suisses		Allemands	Belges	Italiens	Suisses		Allemands	Belges	Italiens	Suisses

MODÈLES A REMPLIR

DÉPARTEMENT

d _______________

ARRONDISSEMENT

d _______________

MODÈLE N° 6.
(Format : largeur, 0ᵐ24 ; hauteur 0ᵐ31.)

DÉNOMBREMENT DE 1891

CANTON

d _______________

COMMUNE

d _______________

ÉTAT RÉCAPITULATIF SOMMAIRE de la population de la commune recensée comme présente le 12 avril 1891.

Cet état devra être transmis par le maire à la préfecture, le 25 avril au plus tard.

Pour le dresser, le maire n'aura qu'à classer les bordereaux de maison (qui contiennent les feuilles de ménage et les bulletins individuels) par sections, hameaux, quartiers ou rues, et à inscrire dans les colonnes 2, 3 et 4 le nombre de bordereaux de maisons, de feuilles de ménage (ou de feuilles récapitulatives, modèle n° 4, tenant lieu de feuilles de ménage pour les catégories de population comptées à part) et de bulletins individuels, ce qui donnera le nombre de maisons, de ménages et d'individus recensés.

Tous les individus recensés comme présents le 12 avril dans la commune figureront dans cet état, sans qu'il y ait aucune distinction à faire entre les résidents et les non-résidents, entre les catégories de population comptées à part et les autres, puisqu'il a été établi des bulletins individuels au nom de tous les présents.

Par contre, il ne faut pas tenir compte des personnes qui, bien que résidant habituellement dans la commune, ne s'y trouvaient pas le 12 avril et qui ont été portées comme absentes sur les feuilles de ménage. Il n'a pas été établi de bulletins individuels pour ces personnes et elles ne doivent pas être comprises dans ce tableau.

DÉSIGNATION DES SECTIONS, HAMEAUX, QUARTIERS, RUES	NOMBRE		
	DE MAISONS	DE MÉNAGES	D'INDIVIDUS
1	2	3	4
À reporter.			

DÉSIGNATION DES SECTIONS, HAMEAUX, QUARTIERS, RUES	NOMBRE		
1	DE MAISONS 2	DE MÉNAGES 3	D'INDIVIDUS 4
Report.			
Totaux.			

A   , le   1891.

Le Maire,

Modèle N° 8.

RÉCAPITULATION

A. — Tableau récapitulatif de la population inscrite sur la liste nominative et répartition de cette population en population agglomérée et population éparse.

QUARTIERS, VILLAGES, HAMEAUX. SECTIONS OU RUES	NOMBRE				
1	DE MAISONS	DE MÉNAGES	D'INDIVIDUS	DE FRANÇAIS	D'ÉTRANGERS
	2	3	4	5	6
1° *Quartiers, sections ou rues formant l'agglomération du chef-lieu.*					
TOTAL de la population agglomérée au chef-lieu.					
2° *Sections, villages, hameaux, fermes et habitations en dehors de l'agglomération du chef-lieu formant la population dite éparse.*					
TOTAL de la population éparse					
REPORT de la population agglomérée au chef-lieu					
TOTAL GÉNÉRAL de la population inscrite sur la liste nominative.					

B. — Tableau récapitulatif des populations comptées à part en exécution de l'article 2 du décret du 1er mars 1891.

CATÉGORIES DE POPULATION	NOMBRE		
	D'INDIVIDUS	DE FRANÇAIS	D'ÉTRANGERS
Corps de troupe de terre et de mer			
Maisons centrales de force et de correction			
Maisons d'éducation correctionnelle et colonies agricoles des jeunes détenus			
Maisons d'arrêt, de justice et de correction			
Dépôts de mendicité.			
Asiles d'aliénés			
Hospices			
Lycées et collèges communaux.			
Écoles spéciales.			
Séminaires			
Maisons d'éducation et écoles avec pensionnat. . .			
Communautés religieuses			
Réfugiés à la solde de l'État			
Ouvriers étrangers à la commune attachés aux chantiers temporaires de travaux publics. . . .			
TOTAL de la population comptée à part. . .			

C. — Récapitulation générale de la population de la commune.

Population agglomérée au chef-lieu (1re section du cadre A ci-contre)	
Population éparse (2e section du cadre A). .	
TOTAL formant la population municipale. (Total du cadre A).	
Population comptée à part, conformément à l'article 2 du décret du 1er mars 1891. (Total du cadre B ci-dessus)	
TOTAL GÉNÉRAL de la population de la commune.	

À   , le   1891.

Le Maire,

Tableau I. — Nombre et hauteur des maisons.

NOMBRE de HAMEAUX ou de sections de commune	NOMBRE DES MAISONS D'HABITATION			NOMBRE DES MAISONS D'HABITATION								
	OCCUPÉES en tout ou en partie	VACANTES	TOTAL des maisons	n'ayant qu'un rez-de-chaussée	AYANT AU-DESSUS DU REZ-DE-CHAUSSÉE (y compris l'étage mansardé)							TOTAL des maisons (total égal à celui de la colonne d)
					un étage	deux étages	trois étages	quatre étages	cinq étages	six étages	sept étages et plus	
a	b	c	d	e	f	g	h	i	k	l	m	n

Tableau II. — Maisons et locations.

MAISONS COMPOSÉES DE	NOMBRE DES LOCAUX LOGEMENTS ou appartements distincts			ATELIERS MAGASINS BOUTIQUES	TOTAL $d + e$	NOMBRE de CABINETS à usage particulier	NOMBRE de CABINETS à usage commun	CONCESSION D'EAU	PUITS	NI CONCESSION ni PUITS
	occupés	vacants	total							
a	b	c	d	e	f	g	h	i	k	l
1 rez-de-chaussée. . . .										
1 Étage.										
2 Étages										
3 Étages										
4 Étages										
5 Étages										
6 Étages										
7 Étages et plus.										

Tableau III. — Situation des habitants par rapport à leurs habitations.

LOGEMENTS COMPOSÉS DE

MÉNAGES COMPOSÉS de	Nombre des ménages n'ayant d'autre logement qu'une voiture, un bateau, une écurie, etc.	1 PIÈCE — Nombre de logements.	1 PIÈCE — Nombre de pièces Avec cheminée.	1 PIÈCE — Nombre de pièces Sans cheminée.	1 PIÈCE — Nombre de pièces Sans fenêtres.	1 PIÈCE — Nombre de pièces Fenêtres sur la rue.	1 PIÈCE — Nombre de pièces Fenêtres sur la cour.	1 PIÈCE — Nombre de pièces Fenêtres sur le jardin.	2 PIÈCES — Nombre de logements.	2 PIÈCES — Nombre de pièces Avec cheminée.	2 PIÈCES — Nombre de pièces Sans cheminée.	2 PIÈCES — Nombre de pièces Sans fenêtres.	2 PIÈCES — Nombre de pièces Fenêtres sur la rue.	2 PIÈCES — Nombre de pièces Fenêtres sur la cour.	2 PIÈCES — Nombre de pièces Fenêtres sur le jardin.	3 PIÈCES — Nombre de logements.	3 PIÈCES — Nombre de pièces Avec cheminée.	3 PIÈCES — Nombre de pièces Sans cheminée.	3 PIÈCES — Nombre de pièces Sans fenêtres.	3 PIÈCES — Nombre de pièces Fenêtres sur la rue.	3 PIÈCES — Nombre de pièces Fenêtres sur la cour.	3 PIÈCES — Nombre de pièces Fenêtres sur le jardin.	4 PIÈCES — Nombre de logements.	4 PIÈCES — Nombre de pièces Avec cheminée.	4 PIÈCES — Nombre de pièces Sans cheminée.	4 PIÈCES — Nombre de pièces Sans fenêtres.	4 PIÈCES — Nombre de pièces Fenêtres sur la rue.	4 PIÈCES — Nombre de pièces Fenêtres sur la cour.	4 PIÈCES — Nombre de pièces Fenêtres sur le jardin.	5 PIÈCES — Nombre de logements.	5 PIÈCES — Nombre de pièces Avec cheminée.	5 PIÈCES — Nombre de pièces Sans cheminée.	5 PIÈCES — Nombre de pièces Sans fenêtres.	5 PIÈCES — Nombre de pièces Fenêtres sur la rue.	5 PIÈCES — Nombre de pièces Fenêtres sur la cour.	5 PIÈCES — Nombre de pièces Fenêtres sur le jardin.
1 personne présente																																				
2 —																																				
3 —																																				
4 —																																				
5 —																																				
6 —																																				
7 à 10 —																																				
10 et davantage																																				
TOTAUX...																																				

MÉNAGES COMPOSÉS de	6 PIÈCES — Nombre de logements.	6 PIÈCES — Nombre de pièces Avec cheminée.	6 PIÈCES — Nombre de pièces Sans cheminée.	6 PIÈCES — Nombre de pièces Sans fenêtres.	6 PIÈCES — Nombre de pièces Fenêtres sur la rue.	6 PIÈCES — Nombre de pièces Fenêtres sur la cour.	6 PIÈCES — Nombre de pièces Fenêtres sur le jardin.	7 PIÈCES — Nombre de logements.	7 PIÈCES — Nombre de pièces Avec cheminée.	7 PIÈCES — Nombre de pièces Sans cheminée.	7 PIÈCES — Nombre de pièces Sans fenêtres.	7 PIÈCES — Nombre de pièces Fenêtres sur la rue.	7 PIÈCES — Nombre de pièces Fenêtres sur la cour.	7 PIÈCES — Nombre de pièces Fenêtres sur le jardin.	8 PIÈCES — Nombre de logements.	8 PIÈCES — Nombre de pièces Avec cheminée.	8 PIÈCES — Nombre de pièces Sans cheminée.	8 PIÈCES — Nombre de pièces Sans fenêtres.	8 PIÈCES — Nombre de pièces Fenêtres sur la rue.	8 PIÈCES — Nombre de pièces Fenêtres sur la cour.	8 PIÈCES — Nombre de pièces Fenêtres sur le jardin.	9 PIÈCES — Nombre de logements.	9 PIÈCES — Nombre de pièces Avec cheminée.	9 PIÈCES — Nombre de pièces Sans cheminée.	9 PIÈCES — Nombre de pièces Sans fenêtres.	9 PIÈCES — Nombre de pièces Fenêtres sur la rue.	9 PIÈCES — Nombre de pièces Fenêtres sur la cour.	9 PIÈCES — Nombre de pièces Fenêtres sur le jardin.	10 PIÈCES et au-dessus — Nombre de logements.	10 PIÈCES et au-dessus — Nombre de pièces Avec cheminée.	10 PIÈCES et au-dessus — Nombre de pièces Sans cheminée.	10 PIÈCES et au-dessus — Nombre de pièces Sans fenêtres.	10 PIÈCES et au-dessus — Nombre de pièces Fenêtres sur la rue.	10 PIÈCES et au-dessus — Nombre de pièces Fenêtres sur la cour.	10 PIÈCES et au-dessus — Nombre de pièces Fenêtres sur le jardin.	Nombre de pièces inconnu
1 personne présente																																				
2 —																																				
3 —																																				
4 —																																				
5 —																																				
6 —																																				
7 à 10 —																																				
10 et davantage																																				
TOTAUX...																																				

Tableau IV. — Ménages.

NOMBRE DE MÉNAGES				NOMBRE DES MÉNAGES COMPOSÉS								ÉTABLISSEMENTS COMPTÉS à PART (Cette colonne doit reproduire la col. 3.)	TOTAL ÉGAL au nombre des MÉNAGES (2) (Ce total doit reproduire celui de la colonne 4.)
d'individus isolés	DE FAMILLE	ÉTABLISSEMENTS comptés à part (1)	TOTAL des MÉNAGES	de 1 personne (Cette colonne doit reproduire la col. 1.)	de 2 personnes	de 3 personnes	de 4 personnes	de 5 personnes	de 6 personnes	de 7 personnes et au-dessus	TOTAL		
1	2	3	4	5	6	7	8	9	10	11	12	13	14

(1) Nombre de feuilles récapitulatives. — (2) Chiffre égal à celui des locaux, logements ou appartements habités (col. B du tableau 2).

Tableau V. — Résultats généraux du Dénombrement par catégories de séjour.

POPULATION RÉSIDENTE (d'après les feuilles de ménage.)				POPULATION PRÉSENTE (d'après les bulletins individuels.)		
LISTE NOMINATIVE		POPULATION COMPTÉE A PART	TOTAL	RÉSIDENTS (Cette colonne doit donner le total des col. 1 et 3)	POPULATION ACCIDENTELLE et de passage	TOTAL
RÉSIDENTS présents	RÉSIDENTS absents					
1	2	3	4	5	6	7

RENSEIGNEMENTS STATISTIQUES RÉSULTANT DU DÉNOMBREMENT

(Population présente. — Dépouillement des bulletins individuels.)

Tableau VI. — Population d'après le lieu de naissance.

NATIONALITÉS	NÉS								TOTAL GÉNÉRAL de la POPULATION
	DANS LA COMMUNE	dans une autre COMMUNE du département	dans le DÉPARTEMENT (Total des colonnes 2 et 3.)	dans un autre DÉPARTEMENT	EN FRANCE (Total des colonnes 4 et 5.) (1).	EN ALGÉRIE ou dans une colonie française	EN ALSACE-LORRAINE	à L'ÉTRANGER	
1	2	3	4	5	6	7	8	9	10
Français.									
Naturalisés français.									
Étrangers									
Total.									

(1) Chiffre égal au total du tableau suivant.

Tableau VII. — Français nés en France, classés par département d'origine.

		Report. . . .			Report. . . .			Report. . . .
1	Ain		32	Gers.		62	Puy-de-Dôme	
2	Aisne		33	Gironde		63	Pyrénées (Basses-)	
3	Allier		34	Hérault		64	Pyrénées (Hautes-)	
4	Alpes (Basses-)		35	Ille-et-Vilaine		65	Pyrénées-Orientales	
5	Alpes (Hautes-)		36	Indre		66	Rhin (Haut-) [Belfort]	
6	Alpes-Maritimes		37	Indre-et-Loire		67	Rhône	
7	Ardèche		38	Isère.		68	Saône (Haute-)	
8	Ardennes		39	Jura.		69	Saône-et-Loire	
9	Ariège		40	Landes.		70	Sarthe.	
10	Aube		41	Loir-et-Cher		71	Savoie.	
11	Aude		42	Loire		72	Savoie (Haute-)	
12	Aveyron		43	Loire (Haute-)		73	Seine	
13	Bouches-du-Rhône		44	Loire-Inférieure		74	Seine-Inférieure	
14	Calvados		45	Loiret		75	Seine-et-Marne	
15	Cantal		46	Lot		76	Seine-et-Oise	
16	Charente		47	Lot-et-Garonne		77	Sèvres (Deux-)	
17	Charente-Inférieure		48	Lozère		78	Somme	
18	Cher.		49	Maine-et-Loire		79	Tarn.	
19	Corrèze		50	Manche		80	Tarn-et-Garonne	
20	Corse		51	Marne.		81	Var	
21	Côte-d'Or		52	Marne (Haute-)		82	Vaucluse.	
22	Côtes-du-Nord		53	Mayenne.		83	Vendée.	
23	Creuse.		54	Meurthe-et-Moselle.		84	Vienne.	
24	Dordogne		55	Meuse.		85	Vienne (Haute-)	
25	Doubs.		56	Morbihan		86	Vosges.	
26	Drôme.		57	Nièvre.		87	Yonne.	
27	Eure.		58	Nord				
28	Eure-et-Loir.		59	Oise.				
29	Finistère.		60	Orne.				
30	Gard.		61	Pas-de-Calais.				
31	Garonne (Haute-)							
		A reporter. . . .			A reporter. . . .			TOTAL GÉNÉRAL (1) . .

(1) Chiffre égal à celui qui figure à la première ligne de la colonne 6 du tableau précédent.

Tableau VIII. — Classement par nationalité.

SEXE	FRANÇAIS			ÉTRANGERS																										TOTAL des étrangers	TOTAL GÉNÉRAL de la population
	NÉS de parents français	NATURALISÉS	TOTAL des Français	Anglais, Écossais, Irlandais	États-Unis	Mexique	Américains du Sud	Allemands	Autrichiens	Hongrois	Belges	Hollandais	Luxembourgeois	Italiens	Espagnols	Portugais	Suisses	Russes	Suédois	Norvégiens	Danois	Grecs	Roumains	Serbes, Bulgares, etc.	Turcs	Africains	Chinois, Japonais, Asiatiques	Autres nationalités	Nationalité inconnue		
1	2	3	4	5	6	7	8	9	10	11	12	13	14	15	16	17	18	19	20	21	22	23	24	25	26	27	28	29	30	31	32
Masculin.																															
Féminin.																															
TOTAL.	(1)	(2)																												(3)	(4)

(1) Chiffre égal à celui qui figure à la colonne 10 du tableau n° VI, 1re ligne. — (2) Chiffre égal à celui qui figure à la colonne 10 du tableau n° VI, 2e ligne. — (3) Chiffre égal à celui qui figure à la colonne 10 du tableau n° VI, 3e ligne. — (4) Chiffre égal au total de la colonne 10 du tableau n° VI.

Tableau IX. — Répartition de la population par âge, sexe et état civil.

(Français et naturalisés français seulement.)

AGE	SEXE MASCULIN					SEXE FÉMININ					TOTAL des DEUX SEXES	DATES DE NAISSANCE
	GARÇONS	MARIÉS	VEUFS	DIVORCÉS	TOTAL	FILLES	MARIÉES	VEUVES	DIVORCÉES	TOTAL		
1	2	3	4	5	6	7	8	9	10	11	12	13
De 0 à 1 an												1890—91
De 1 an accompli												1889—90
De 2 ans accomplis												1888—89
De 3 ans —												1887—88
De 4 ans —												1886—87
TOTAL de 0 à 4 ans accomplis.												1886—91
De 5 ans accomplis												1885—86
De 6 ans —												1884—85
De 7 ans —												1883—84
De 8 ans —												1882—83
De 9 ans —												1881—82
TOTAL de 5 à 9 ans accomplis.												1881—86
De 10 ans accomplis												1880—81
De 11 ans —												1879—80
De 12 ans —												1878—79
De 13 ans —												1877—78
De 14 ans —												1876—77
TOTAL de 10 à 14 ans accomplis.												1876—81
De 15 ans accomplis												1875—76
De 16 ans —												1874—75
De 17 ans —												1873—74
De 18 ans —												1872—73
De 19 ans —												1871—72
TOTAL de 15 à 19 ans accomplis.												1871—76
De 20 ans accomplis												1870—71
De 21 ans —												1869—70
De 22 ans —												1868—69
De 23 ans —												1867—68
De 24 ans —												1866—67
TOTAL de 20 à 24 ans accomplis.												1866—71
De 25 à 29 ans accomplis.												1861—66
De 30 à 34 ans —												1856—61
De 35 à 39 ans —												1851—56
De 40 à 44 ans —												1846—51
De 45 à 49 ans —												1841—46
De 50 à 54 ans —												1836—41
De 55 à 59 ans —												1831—36
De 60 à 64 ans —												1826—31
De 65 à 69 ans —												1821—26
De 70 à 74 ans —												1816—21
De 75 à 79 ans —												1811—16
De 80 à 84 ans —												1806—11
De 85 à 89 ans —												1801—1806
De 90 à 94 ans —												1796—1801
De 95 à 99 ans —												1791—1796
De 100 et au-dessus												1791 et antér.
Age inconnu.												»
TOTAL GÉNÉRAL (1).												

(1) Chiffre égal à celui des bulletins individuels

Tableau X. — Durée du mariage et nombre d'enfants légitimes vivants par famille.

Quartier d _________

(Français et naturalisés français seulement.)

DURÉE DU MARIAGE	NOMBRE D'ENFANTS INCONNUS	NOMBRE DES FAMILLES AYANT								TOTAUX
		0 ENFANT VIVANT	1 ENFANT VIVANT	2 ENFANTS VIVANTS	3 ENFANTS VIVANTS	4 ENFANTS VIVANTS	5 ENFANTS VIVANTS	6 ENFANTS VIVANTS	7 ENFANTS VIVANTS	
a	b	c	d	e	f	g	h	i	k	l
Hommes mariés.										
0 à 2 ans										
3 à 5 ans										
6 à 10 ans										
11 à 15 ans										
16 à 20 ans										
21 à 25 ans										
26 à 50 ans										
50 ans et au-dessus										
Durée inconnue										
TOTAL										
Hommes veufs.										
0 à 2 ans										
3 à 5 ans										
6 à 10 ans										
11 à 15 ans										
16 à 20 ans										
21 à 25 ans										
26 à 50 ans										
50 ans et au-dessus										
Durée inconnue										
TOTAL										
Femmes veuves.										
0 à 2 ans										
3 à 5 ans										
6 à 10 ans										
11 à 15 ans										
16 à 20 ans										
21 à 25 ans										
26 à 50 ans										
50 ans et au-dessus										
Durée inconnue										
TOTAL										
Hommes divorcés.										
0 à 2 ans										
3 à 5 ans										
6 à 10 ans										
11 à 15 ans										
16 à 20 ans										
21 à 25 ans										
26 à 50 ans										
50 ans et au-dessus										
Durée inconnue										
TOTAL										

Tableau XI. — Relevé spécial des professions à P

PROFESSIONS	PATRONS								EMPLOYÉS											
	SEXE MASCULIN				SEXE FÉMININ				SEXE MASCULIN					SEXE FÉMININ					SEXE MASCULI
	De 20 à 39 ans	De 40 à 59 ans	De 60 ans et au-dessus	TOTAL	De 20 à 39 ans	De 40 à 59 ans	De 60 ans et au-dessus	TOTAL	De moins de 20 ans	De 20 à 30 ans	De 40 à 59 ans	De 60 ans et au-dessus	TOTAL	De moins de 20 ans	De 20 à 30 ans	De 40 à 59 ans	De 60 ans et au-dessus	TOTAL	De moins de 20 ans	De 20 à 39 ans	De 40 à 59 ans	De 60 ans et au-dessus

rançais et naturalisés français seulement.)

...IERS			FAMILLE										DOMESTIQUES										TOTAUX GÉNÉRAUX		
SEXE FÉMININ			SEXE MASCULIN					SEXE FÉMININ					SEXE MASCULIN					SEXE FÉMININ							
De 20 à 30 ans	De 40 à 50 ans	De 60 ans et au-dessus	TOTAL	De moins de 20 ans	De 20 à 39 ans	De 40 à 50 ans	De 60 ans et au-dessus	TOTAL	De moins de 20 ans	De 20 à 39 ans	De 40 à 50 ans	De 60 ans et au-dessus	TOTAL	De moins de 20 ans	De 20 à 39 ans	De 40 à 50 ans	De 60 ans et au-dessus	TOTAL	De moins de 20 ans	De 20 à 39 ans	De 40 à 50 ans	De 60 ans et au-dessus	TOTAL	SEXE MASCULIN	SEXE FÉMININ	TOTAL GÉNÉRAL

Tableau XII. — Répartition de la population par âge, sexe et état civil
(Étrangers seulement.)

| AGE | SEXE MASCULIN | | | | | SEXE FÉMININ | | | | | TOTAL des DEUX SEXES | DATES DE NAISSANCE |
| | GARÇONS | MARIÉS | VEUFS | DIVORCÉS | TOTAL | FILLES | MARIÉES | VEUVES | DIVORCÉES | TOTAL | | |
1	2	3	4	5	6	7	8	9	10	11	12	13
De 0 à 1 an												1890—91
De 1 an accompli . . .												1889—90
De 2 ans accomplis . .												1888—89
De 3 ans — . .												1887—88
De 4 ans — . .												1886—87
TOTAL de 0 à 4 ans accomplis.												1886—91
De 5 ans accomplis . .												1885—86
De 6 ans — . .												1884—85
De 7 ans — . .												1883—84
De 8 ans — . .												1882—83
De 9 ans — . .												1881—82
TOTAL de 5 à 9 ans accomplis.												1881—86
De 10 ans accomplis . .												1880—81
De 11 ans — . .												1879—80
De 12 ans — . .												1878—79
De 13 ans — . .												1877—78
De 14 ans — . .												1876—77
TOTAL de 10 à 14 ans accomplis.												1876—81
De 15 ans accomplis . .												1875—76
De 16 ans — . .												1874—75
De 17 ans — . .												1873—74
De 18 ans — . .												1872—73
De 19 ans — . .												1871—72
TOTAL de 15 à 19 ans accomplis.												1871—76
De 20 ans accomplis . .												1870—71
De 21 ans — . .												1869—70
De 22 ans — . .												1868—69
De 23 ans — . .												1867—68
De 24 ans — . .												1866—67
TOTAL de 20 à 24 ans accomplis.												1866—71
De 25 à 29 ans accomplis.												1861—66
De 30 à 34 ans —												1856—61
De 35 à 39 ans —												1851—56
De 40 à 44 ans —												1846—51
De 45 à 49 ans —												1841—46
De 50 à 54 ans —												1836—41
De 55 à 59 ans —												1831—36
De 60 à 64 ans —												1826—31
De 65 à 69 ans —												1821—26
De 70 à 74 ans —												1816—21
De 75 à 79 ans —												1811—16
De 80 à 84 ans —												1806—11
De 85 à 89 ans —												1801—1806
De 90 à 94 ans —												1796—1801
De 95 à 99 ans —												1791—1796
De 100 et au-dessus. . .												1791 et antér.
Age inconnu.												»
TOTAL GÉNÉRAL .												(1)

(1) Chiffre égal à celui des bulletins individuels.

Tableau XIII. — Durée du mariage
et nombre d'enfants légitimes vivants par famille.
(Étrangers seulement.)

| DURÉE DU MARIAGE | NOMBRE D'ENFANTS INCONNUS | NOMBRE DES FAMILLES AYANT | | | | | | | | TOTAUX |
| | | 0 ENFANT VIVANT | 1 ENFANT VIVANT | 2 ENFANTS VIVANTS | 3 ENFANTS VIVANTS | 4 ENFANTS VIVANTS | 5 ENFANTS VIVANTS | 6 ENFANTS VIVANTS | 7 ENFANTS VIVANTS | |
a	b	c	d	e	f	g	h	i	k	l
Hommes mariés.										
0 à 2 ans										
3 à 5 ans										
6 à 10 ans										
11 à 15 ans										
16 à 20 ans										
21 à 25 ans										
26 à 50 ans										
50 ans et au-dessus										
Durée inconnue										
TOTAL										
Hommes veufs.										
0 à 2 ans										
3 à 5 ans										
6 à 10 ans										
11 à 15 ans										
16 à 20 ans										
21 à 25 ans										
26 à 50 ans										
50 ans et au-dessus										
Durée inconnue										
TOTAL										
Femmes veuves.										
0 à 2 ans										
3 à 5 ans										
6 à 10 ans										
11 à 15 ans										
16 à 20 ans										
21 à 25 ans										
26 à 50 ans										
50 ans et au-dessus										
Durée inconnue										
TOTAL										
Hommes divorcés.										
0 à 2 ans										
3 à 5 ans										
6 à 10 ans										
11 à 15 ans										
16 à 20 ans										
21 à 25 ans										
26 à 50 ans										
50 ans et au-dessus										
Durée inconnue										
TOTAL										

| PROFESSIONS | PATRONS | | | | | | | | | | | | EMPLOYÉS | | | | | | | | | | | | | | OUVRIERS | | | | | | | | | |
| | SEXE MASCULIN | | | | SEXE FÉMININ | | | | Parmi les précédents sont : | | | | SEXE MASCULIN | | | | | SEXE FÉMININ | | | | | Parmi les précédents sont : | | | | SEXE MASCULIN | | | | | SEXE FÉMININ | | | |
	De 20 à 39 ans	De 40 à 59 ans	De 60 ans et au-dessus	TOTAL	De 20 à 39 ans	De 40 à 59 ans	De 60 ans et au-dessus	TOTAL	Allemands	Belges	Italiens	Suisses	De moins de 20 ans	De 20 à 39 ans	De 40 à 59 ans	De 60 ans et au-dessus	TOTAL	De moins de 20 ans	De 20 à 39 ans	De 40 à 59 ans	De 60 ans et au-dessus	TOTAL	Allemands	Belges	Italiens	Suisses	De moins de 20 ans	De 20 à 39 ans	De 40 à 59 ans	De 60 ans et au-dessus	TOTAL	De moins de 20 ans	De 20 à 39 ans	De 40 à 59 ans	De 60 ans et au-dessus

...essions à Paris. (Étrangers seulement.)

		FAMILLE														DOMESTIQUES															TOTAUX		
		SEXE MASCULIN					SEXE FÉMININ					Parmi les précédents sont :				SEXE MASCULIN					SEXE FÉMININ					Parmi les précédents sont :						
Italiens	Suisses	De moins de 20 ans	De 20 à 39 ans	De 40 à 59 ans	De 60 ans et au-dessus	TOTAL	De moins de 20 ans	De 20 à 39 ans	De 40 à 59 ans	De 60 ans et au-dessus	TOTAL	Allemands	Belges	Italiens	Suisses	De moins de 20 ans	De 20 à 39 ans	De 40 à 59 ans	De 60 ans et au-dessus	TOTAL	De moins de 20 ans	De 20 à 39 ans	De 40 à 59 ans	De 60 ans et au-dessus	TOTAL	Allemands	Belges	Italiens	Suisses	SEXE MASCULIN	SEXE FÉMININ	TOTAL GÉNÉRAL

DÉPARTEMENT

d

ARRONDISSEMENT

d

CANTON

d

COMMUNE

d

(1) Allemands, autrichiens, hongrois ou italiens.
Un tableau distinct devra être établi pour chacune de ces nationalités.

Tableaux XV, XVI, XVII et XVIII

DÉNOMBREMENT DE 1891

ÉTAT NUMÉRIQUE des sujets (1) *recensés dans la commune le 12 avril 1891.*

A. — RÉPARTITION SUIVANT L'AGE, LE SEXE ET L'ÉTAT CIVIL

AGE	SEXE MASCULIN				SEXE FÉMININ				TOTAL pour les DEUX SEXES
	GARÇONS	MARIÉS	VEUFS	TOTAL	FILLES	MARIÉES	VEUVES	TOTAL	
1	2	3	4	5	6	7	8	9	10
0 à 12 mois.									
1 an accompli									
2 —									
3 —									
4 —									
5 —									
6 —									
7 —									
8 —									
9 —									
10 —									
11 —									
12 —									
13 —									
14 —									
15 —									
16 —									
17 —									
18 —									
19 —									
20 —									
21 —									
22 —									
23 —									
24 —									
25-29 —									
30-34 —									
35-39 —									
40-44 —									
45-49 —									
50-54 —									
55-59 —									
60-64 —									
65-69 —									
70-74 —									
75-79 —									
80-84 —									
85-89 —									
90-94 —									
95-100 —									
100 et au-dessus									
Age inconnu									
TOTAUX									

B. — RÉPARTITION SUIVANT LA PROFESSION

PROFESSIONS 1	SEXE MASCULIN 2	SEXE FÉMININ 3	TOTAL 4	OBSERVATIONS 5
Chefs d'industrie				
Banquiers, commerçants.				
Commis ou employés				
Ouvriers et journaliers employés dans — l'agriculture.				
les usines ou les grandes fabriques				
la petite industrie. . . .				
Professions libérales				
Propriétaires et rentiers.				
Professions diverses.				
Individus sans profession (enfants, femmes, vieillards)				
Professions inconnues.				
TOTAUX.				

A   , le   1891.

Le Maire,

Annexe

———

DE LA MÉTHODE DE POINTAGE

DE LA MÉTHODE DE POINTAGE

Le plus souvent, dans les instructions qui précèdent, nous avons conseillé le *classement des bulletins*. L'usage du pointage sur feuilles de dépouillement n'a été recommandé que pour l'établissement des tableaux II, III, IV, VII, X, XI, XIII, XIV.

Les *Instructions* qui précèdent sont fondées sur les mêmes principes que celles de 1886. Ces dernières, appliquées par la plupart des mairies, ont donné des résultats satisfaisants.

Cependant, quelques mairies, en 1886, ont voulu appliquer la méthode du pointage sur feuilles de dépouillement à d'autres tableaux encore que ceux que nous avons énumérés ci-dessus. Plusieurs d'entre ces mairies n'y ont réussi qu'en dépassant de beaucoup les crédits alloués. Quelques autres, combinant la méthode du classement des bulletins avec celle du pointage, ont eu plus de succès.

Nous reproduisons, à titre de document instructif, différents passages du rapport adressé en 1886 par l'une de ces dernières mairies, qui est arrivée à de bons résultats. On remarquera que cette mairie a combiné les deux méthodes, et qu'elle a fait un grand usage du classement des bulletins.

Les mairies qui préféreraient la méthode de pointage à celle du classement des bulletins que nous avons développée dans les présentes *Instructions*, trouveront d'utiles indications dans les lignes suivantes :

« La Mairie a cru devoir suivre la méthode déjà adoptée au dernier recensement et qui avait donné de bons résultats quant à la rapidité et surtout à la précision. Nous avons cependant utilisé concurremment la méthode de classement en faisant précéder le pointage de classifications de bulletins par grandes catégories générales.

« J'ai l'honneur de vous transmettre ci-joint un spécimen des divers tableaux de pointage que nous avons fait dresser : le premier relatif au lieu de naissance et à la nationalité; le deuxième à l'âge et à l'état civil ; le troisième au nombre des enfants par famille; le quatrième aux professions (1). Ces tableaux préparés, deux tables furent formées chacune de quatre employés.

« On procéda d'abord au relevé des professions déjà classées par catégories principales. Chaque employé avait un tableau conforme au modèle ci-joint comprenant l'ensemble des professions, les divisions de personnes, et la subdivision d'âges. L'un des employés, le premier, pointait les patrons et les employés; le deuxième, les ouvriers et les domestiques; le troisième, la famille et les étrangers; le quatrième faisait l'appel.

« Ce tableau nous a permis un pointage rapide et facile. En outre, il y a lieu de faire observer (c'est un point important) qu'au lieu d'opérer sur les feuilles individuelles nous nous sommes uniquement servis, comme moyen d'appel, des feuilles de ménage préalablement vérifiées et complétées. Il nous a paru résulter de ce système une grande simplification. La manipulation au lieu de se faire sur 87,000 feuilles ne portait plus que sur 28,000 et, de plus, la feuille de ménage nous donnant immédiatement, d'un seul coup d'œil, la constitution complète de la famille, le pointage n'avait le plus souvent à se faire que sur une seule et même ligne correspondant à la profession du chef de famille. Ainsi conduit, le dépouillement des professions qui nous avait d'abord inquiété est devenu simple, facile, rapide et a pu s'effectuer au moyen d'un nombre restreint d'employés.

« Les trois autres tableaux ont été établis d'une manière analogue et simultanément : trois employés pointant chacun un tableau spécial, le quatrième appelant. Nous avions fait précéder ce pointage d'une division des bulletins en masculins et féminins. »

---

(1) Nous reproduisons ci-après trois de ces tableaux de dépouillement sans y rien changer. Nous ne reproduisons pas le dernier qui ressemble beaucoup à celui que nous avions proposé.

LIEU DE NAISSANCE ET NATIONALITÉ

TABLEAU **A.**

(Dimensions : largeur 0ᵐ63, hauteur 0ᵐ50)

		PARIS ((Largeur de la colonne 0ᵐ07)	BANLIEUE (Largeur 0ᵐ02)	PROVINCES et COLONIES FRANÇAISES (Largeur de la colonne 0ᵐ20)	Nés à l'étranger (largeur 0ᵐ01)														
SEXE MASCULIN	FRANÇAIS (Hauteur 0ᵐ16)																		
	NATURALISÉS (Haut. 0ᵐ03)																		
	ÉTRANGERS (Haut. 0ᵐ03)																		
SEXE FÉMININ	FRANÇAISES (Hauteur 0ᵐ16)																		
	NATURALISÉES (Haut. 0ᵐ03)																		
	ÉTRANGÈRES (Haut. 0ᵐ03)																		

La feuille est lithographiée. Toutes les cases ci-dessus sont occupées par une multitude de petits carrés de 0ᵐ002 de côté. A l'appel d'un bulletin, l'un de ces petits carrés est barré en diagonale par le dépouilleur.

TABLEAU B. AGE ET ÉTAT CIVIL (DIMENSIONS : LARGEUR 0m60, HAUTEUR 0m50).

AGES.	0	1	2	3	4	5	6	7	8	9	10	11	12	13	14	15	16	17	18	19	20	21	22	23	24	25 29	30 34	35 39	40 44	45 49	50 54	55 59	60 64	65 69	70 74	75 80	80 84	85 89	90 94	95 99	100 et plus	AGE INCONNU
SEXE MASCULIN — CÉLIBATAIRES (haut. 0m05)																																										
SEXE MASCULIN — MARIÉS (haut. 0m00)																																										
SEXE MASCULIN — VEUFS (0m03)																																										
SEXE MASCULIN — DIVORCÉS (0m02)																																										
SEXE FÉMININ — CÉLIBATAIRES (haut. 0m05)																																										
SEXE FÉMININ — MARIÉES (haut. 0m00)																																										
SEXE FÉMININ — VEUVES (0m03)																																										
SEXE FÉMININ — DIVORCÉES (0m02)																																										

TABLEAU C. ENFANTS LÉGITIMES PAR FAMILLE

NOMBRE D'ENFANTS.	0	1	2	3	4	5	6	7 et au-dessus	NOMBRE D'ENFANTS INCONNUS	TOTAL GÉNÉRAL
MARIÉS (2e)										
VEUFS (2e)										
VEUVES (4e)										
DIVORCÉS (4e)										

Ces tableaux sont lithographiés. Ils sont divisés en une multitude de petits carrés ayant chacun 2 millimètres environ de côté. A l'appel d'un bulletin, l'un de ces petits carrés est barré en diagonale par le dépouilleur.

IMPRIMERIE CENTRALE DES CHEMINS DE FER. — IMPRIMERIE CHAIX, RUE BERGÈRE 20, PARIS. — 7163-4-04

9 782013 396837